Learn German

C000133338

Love and Hate

Short Stories for Beginners

Brian Smith

Book 2

Cover image from Pixbay by Geralt

Ich hasse und liebe.
Warum ich das mache?, fragst du vielleicht.
Ich weiß es nicht, aber ich fühle, dass es geschieht, und werde gequält.

I hate and I love.
Why I do this? You may ask.
I don't know, but I feel it happening and I'm in agony.

Odi et amo. Quare id faciam, fortasse requiris.
Nescio, sed fieri sentio et excrucior.

Catullus
Roman poet (84 – 54 BC)
Römischer Dichter (84 – 54 v. Chr.)

Über den Autor / About the author

Brian Smith was born in Germany in 1972. Son of a German mother and an English father he grew up having both German and English as his native languages. He grew up and completed his education in Germany. In 1995 he moved to Hong Kong where he spent twenty years teaching English and German at local schools. He has also learned several languages including French, Latin and Cantonese.

His extensive teaching experience in two different languages to people from various countries as well as his own experience in successfully learning foreign languages have given him a unique insight about the best ways to help learners make progress.

He is the successful author of numerous books including a series of German readers starting with Easy German Reader – Super 500 and going all the way to the German Power Reader he crafted with great care to allow readers a relaxing immersion into German grammar.

Contents / Inhalt

Introduction

The stories in this book were written with two problems in mind that every learner of another language has to face: unknown words and unknown grammar.

To make learning new words easy for you there are several important features:

- important words are given with their English meaning in different places in the text

- there is a comprehensive list of words at the end of the book

- at the end of each chapter important phrases and questions are given with an English translation. When you have gone through these you should read the chapter again.

- a revision of the vocabulary and grammar of Book 1 is embedded in the text and the exercises.

You are recommended to do the short exercise at the end of each chapter when you feel comfortable with your understanding of the text.

To help you get your head round German grammar and the way sentences are formed in German, words and sentence structures such as common statements, questions and answers are repeated many times with only slight variations. This constant repetition will enable you to internalize basic German syntax. Once it has become second nature to you it will be much easier to expand your vocabulary without having to give much thought to grammar and syntax.

To help you with the pronunciation an MP3 recording of the German text in each unit is available for free at

www.briansmith.de

Go to 'German Short Stories' and select 'Love and Hate'.

To get the most out of this book it would be a good idea to read each chapter a few times on different days and, if you can, listen to the recording while reading. Nature has pre-programmed the human brain to remember things it sees and hears frequently, so repetition is the key to successful language learning.

If you find it easy to understand everything, congratulations. If not, don't worry. Go on to the next chapter and come back to earlier chapters after a few days. You will find that it has become much easier.

And finally, remember that this is a special kind of reader. It was designed to help you learn the most frequent vocabulary and grammatical structures without having to study vocabulary lists or doing grammar exercises. So don't rush through it. Take your time, relax, and improve your German the easy way.

Good luck and have fun!

The Past

There is a past simple form of verbs in German, but this is mainly used in formal and literary language.

To express a past action in everyday German it is common to use a form of the auxiliary verb 'haben' or 'sein' and the past participle. Most verbs are formed with 'haben', but a few that are mostly about movement take 'sein':

drive: fahren – gefahren
fall: fallen – gefallen
stand: stehen – gestanden
fly: fliegen – geflogen
come: kommen – gekommen
run: rennen – gerannt
lie: liegen – gelegen
go: gehen – gegangen
run / go: laufen – gelaufen
sit: sitzen – gesessen
jump: springen – gesprungen
swim: schwimmen – geschwommen

ich bin	wir sind
du bist	ihr seid
er, sie, es ist	sie sind

e.g.:
Ich bin nach Hause gefahren. I drove home.
Du bist im Bett gelegen. You lay in bed.
Sie ist auf dem Boden gesessen. She sat on the floor.

was	were
ich war	wir waren
du warst	ihr wart
er, sie, es war	sie waren

heute – today
gestern – yesterday
heute Abend – this evening
gestern Abend – yesterday evening
der Tag – the day
die Welt – the world
alleine – alone

1. Sabine und Robert

Gestern war ein guter Tag für Robert. Warum war es ein guter Tag für ihn? Es war ein guter Tag für ihn, weil er bei Monika war. Sie waren zusammen. Robert liebt Monika. Liebt sie ihn auch? Ja, sie liebt Robert.

Was haben sie gemacht? Robert ist zu Monika gefahren. Er hat sie geküsst und sie hat ihn geküsst. Sie haben sich geküsst.

Gestern Abend sind sie bei Monika auf dem Sofa gesessen. Sie haben gegessen und getrunken. Sie haben viel gesprochen und gelacht. Sie haben Musik gehört. Es war ein sehr schöner Abend für sie. Sie waren sehr glücklich. Du fragst warum sie glücklich waren? Nun, sie waren zusammen und sie haben sich viel geküsst.

Aber das war gestern Abend.

Heute Abend ist Robert nicht mehr glücklich. Er ist alleine. Ohne Monika ist die Welt nicht mehr bunt, alles sieht grau aus.

9

Robert sitzt in seiner 1-Zimmer Wohnung auf dem Sofa und weiß nicht, was er machen soll. Monika hat heute keine Zeit, aber ohne Monika macht ihm nichts mehr Spaß.

Da klingelt es an der Türe.

Robert steht schnell vom Sofa auf. Ist es vielleicht Monika? Er öffnet die Türe.

Oh je!

Sabine steht vor der Türe.

Robert ist überrascht. Sabine ist Monikas Freundin. Er weiß, dass Sabine und Florian zusammen sind. Was macht sie bei ihm? Warum ist sie zu ihm gekommen?

„Hallo, Robert!" sagt Sabine.

„Servus, Sabine! Kommt Monika auch?"

„Nein, aber ich muss dich sprechen", sagt sie und geht schnell in seine Wohnung.

Robert schließt die Türe wieder.

Eigentlich möchte er nicht, dass Sabine alleine zu ihm kommt. Aber was kann er machen? Sabine ist schon in der Wohnung.

Er geht in das Wohnzimmer, wo Sabine schon auf dem Sofa sitzt. Vor ihr steht sein Glas Bier auf dem kleinen Tisch.

Robert setzt sich langsam auf das Sofa. Er sitzt jetzt neben Sabine. In seiner kleinen Wohnung hat er nur ein kleines Sofa.

„Du, Robert", sagt Sabine, „ich muss mit dir sprechen."

Sabine muss mit ihm sprechen, das hat sie ihm schon gesagt.

Es klingelt an der Türe.

Ist das Monika?

Nein, es klingelt an einer anderen Wohnung. Robert hört, wie jemand die Türe öffnet und wieder schließt.

denken – to think
ich habe gedacht – I thought
Um was geht es? – What is it about?
es geht um – it's about
die Sache – the thing, object
gerade – just, straight
zuhören – to listen

„Was möchte Sabine von ihm?" denkt Robert. „Warum kann sie ihn nicht anrufen, wenn sie ihn sprechen will? Und was ist, wenn Monika jetzt kommt?"

Warum hat Robert so viele Fragen? Da versteht er, dass er Angst hat, dass Monika kommt und sieht, dass Sabine bei ihm ist.

Er versteht auch, dass Sabine schnell wieder gehen muss.

Er schaut ihr in die Augen.

„Ja, Sabine? Um was geht es?"

„Eigentlich geht es um Florian, du weißt ja, dass er viele alte Sachen hat."

„Und warum sagst du mir das?" denkt Robert. Aber er sagt es nicht. Er sagt nur: „Ja?"

„Na, du weißt ja, dass er einen schönen, alten Tisch in seinem Wohnzimmer hat und…"

„Das ist richtig", denkt Robert, während Sabine von anderen alten Sachen spricht, die Florian hat. Aber er versteht nicht, warum ihm Sabine das alles sagt.

„…und ich möchte es für ihn kaufen", sagt Sabine.

„Was möchtest du kaufen?" fragt Robert.

„Hörst du mir nicht zu? Ich habe es dir gerade gesagt."

Hat Robert ihr zugehört? Nein, er hat Sabine nicht zugehört. Er hat über Florians alte Sachen gedacht.

„Ich möchte das Auto kaufen!" sagt Sabine laut.

11

„Sie möchte ein Auto kaufen", denkt Robert. „Aber warum ist sie zu ihm gekommen, um ihm das zu sagen?"

morgen – tomorrow
morgen Abend – tomorrow evening
um – to
Österreich – Austria
das Spielzeug – the toy

„Also kann ich dein Auto haben? Ich bringe es dir morgen Abend wieder!"

„Du möchtest mein Auto haben, weil du ein Auto kaufen möchtest?" sagt Robert. „Das verstehe ich nicht."

„Du hörst heute wirklich nicht zu", sagt Sabine. „Ich habe dir doch alles gesagt! Ich muss morgen nach Salzburg fahren, um das Auto zu kaufen."

„Salzburg ist in Österreich", denkt Robert.

„Aber wenn du mit meinem Auto nach Salzburg fährst und dort ein Auto kaufst, hast du zwei Autos! Wie fährst du mit zwei Autos wieder nach München?"

„Manchmal ist Robert wirklich blöd", denkt Sabine. Aber sie sagt es nicht. Sie möchte ja sein Auto haben.

„Höre mir bitte zu", sagt Sabine. „Ich möchte in Salzburg ein altes Spielzeugauto für Florian kaufen."

Jetzt versteht Robert, was sie möchte.

Eigentlich möchte er ihr sein Auto nicht geben. Aber sie ist schon lange bei ihm und er möchte, dass sie weggeht.

„Also gut", sagt er. „Hier ist der Schlüssel für das Auto. Aber fahre bitte vorsichtig!"

Jetzt ist Sabine glücklich. Schnell nimmt sie den Schlüssel und geht aus der kleinen Wohnung.

Ist Robert glücklich?

Nein, er ist nicht glücklich. Er hat Angst um sein Auto.

Was hört er?

Look at the examples:

Gestern war ein guter Tag für mich. Yesterday was a good day for me.

Die Freundinnen waren zusammen. The girlfriends were together.

Sie haben gegessen und getrunken. They ate and they drank.

Sie haben viel gesprochen und gelacht. They talked a lot and they laughed.

Sie haben Musik gehört. They listened to music.

Ich muss dich sprechen. I have to talk to you.

Eigentlich geht es um Florian… Actually it's about Florian…

Ich habe es dir gerade gesagt. I just told you.

Manchmal ist er wirklich blöd. Sometimes he really is stupid.

Hast du mit der Schlange gespielt? Did you play with the snake?

Questions / Fragen:

Mit wem war Robert gestern zusammen? Who was Robert together with yesterday?

Warum ist sie zu ihm gekommen? Why has she come to him?

Aber was kann er machen? Yet what can he do?

Was möchtest du kaufen? What do you want to buy?

Aber warum ist sie zu ihm gekommen, um ihm das zu sagen? Yet why has she come to his place to tell him this?

Warum hat er Angst um sein Auto? Why is he worried about his car?

Hast du dem Kellner ein Trinkgeld gegeben? Did you give the waiter a tip?

Now it's your turn:

1. Ich   gestern Bier   . (trinken)
2. Du   gestern Musik   . (hören)
3. Sie   gestern Pizza   . (essen)
4. Wir   gestern   . (küssen)
5. Ihr   gestern viel   . (lachen)
6. (die Freunde!) Sie   gestern   . (sprechen)
7. Robert   gestern zu Hause. (sein)
8. Die Freundinnen   gestern bei Florian. (sein)
9. Wir   gestern in Österreich. (sein)
10. Ihr   gestern in Salzburg. (sein)

2. Monika braucht Hilfe

hatte – had	hatten – had
ich hatte	wir hatten
du hattest	ihr hattet
er, sie, es hatte	sie hatten

die Hilfe – the help
brauchen – to need
ich habe es gebraucht – I needed it
das Handy – the mobile phone
sich freuen – to be happy
der Samstag – Saturday
arbeiten – to work
ich habe gearbeitet

Monika liebt Robert. Er ist ihr Freund. Vor zwei Tagen war Robert bei ihr. Das war sehr schön. Gestern war Robert nicht bei ihr. Sie hat ihn gestern nicht gesehen, weil sie keine Zeit hatte.

Heute möchte sie ihn wieder sehen, weil sie ihn liebt.

Heute muss sie ihn wieder sehen, weil sie seine Hilfe braucht.

Es ist noch früh. Sie hat gefrühstückt. Sie hat das Frühstück in der Küche gegessen. Jetzt nimmt sie ihr Handy und ruft Robert an. Sie freut sich schon, mit ihm zu sprechen.

Roberts Handy klingelt.

Er sieht sofort, dass Monika ihn anruft. Er freut sich, dass sie ihn anruft.

„Hallo, Monika", sagt er. „Wie schön, dass du mich anrufst."

16

„Servus, Robert! Wie geht's?"

„Wenn ich dich höre, geht es mir immer gut!"

Monika lacht. Sie ist glücklich.

„Was machst du heute?" fragt sie.

Es ist Samstag. Am Samstag muss Robert nicht arbeiten, das weiß sie. Gestern hat er gearbeitet, aber nicht heute.

„Heute muss ich nicht arbeiten", sagt er. „Gehen wir essen? Da ist ein schönes, neues Restaurant nicht weit von mir."

Eigentlich geht Monika sehr gerne mit Robert essen. Aber nicht heute. Heute braucht sie seine Hilfe.

„Vielleicht morgen", sagt sie. „Heute kann ich nicht zu dir fahren. Ich brauche deine Hilfe."

„Ach so, ja gerne. Was brauchst du?"

„Kannst du zu mir kommen?"

„Jetzt?"

„Ja, und bringe dein Auto."

„Mein Auto?"

„Ja, du musst mich nach Salzburg fahren."

werden – to become
enttäuscht – disappointed
leihen – to lend, borrow
ich habe es geliehen – I lent / borrowed it

werden – become	wurde – became
ich werde / wurde	wir werden / wurden
du wirst / wurdest	ihr werdet / wurdet
er, sie, es wird / wurde	sie werden / wurden

Robert wird rot im Gesicht.

Tja, also weißt du … das geht heute nicht," sagt er.

„Was? Warum denn nicht?"

Robert hört, dass sie enttäuscht ist. Was soll er machen? Soll er ihr sagen, dass er Sabine sein Auto geliehen hat? Aber dann muss er ihr vielleicht auch sagen, dass Sabine gestern Abend bei ihm war!

„Also ...äh ... mein Auto hat ein Problem. Ich kann es heute nicht fahren."

„Aber vor zwei Tagen hatte es kein Problem. Was ist das Problem?"

„Tja ... ich weiß es nicht, ich weiß nicht was ich dir sagen kann, aber ich kann dich morgen fahren."

„Aber wenn dein Auto ein Problem hat, wie kannst du mich morgen fahren?"

„Tja ... also ... morgen ist das kein Problem, aber was musst du in Salzburg machen?"

„Wenn dein Auto nicht geht, dann muss ich es anders machen. Tschüss," sagt Sabine und hängt auf.

> aufhängen – to hang up
> es stimmt – it's right
> etwas stimmt nicht – something isn't right
> sich ärgern – to be annoyed
> ich habe mich geärgert
> antworten – to answer
> ich habe geantwortet

Monika hat aufgehängt. Sie hat sich geärgert, dass Robert ihr nicht geantwortet hat.

„Warum hat mir Robert nicht geantwortet?" denkt sie. „Er hat mir nicht gesagt, was das Problem mit seinem Auto ist. Da stimmt etwas nicht!"

Jetzt ärgert sich Monika so sehr, dass sie dem Tisch einen Tritt gibt.

Hat ihr das geholfen? Nein, es hat ihr nicht geholfen. Sie weiß immer noch nicht, was das Problem mit Roberts Auto ist und sie weiß auch nicht, wie sie nach Salzburg fahren kann.

„Wenn Robert mich nicht nach Salzburg fahren kann, dann frage ich Florian!" sagt sie laut.

Sie ruft Florian mit ihrem Handy an und fragt ihn, ob er sie nach Salzburg fahren kann. Sie sagt ihm, warum sie heute nach Salzburg muss.

Was hat Florian geantwortet?

Er hat gesagt: „Kein Problem!"

Was ist mit Robert? Ist er glücklich?

Als Monika ihn angerufen hat, war er sehr glücklich. Er hat sich gefreut, sie zu hören.

Aber jetzt ärgert er sich. Er ärgert sich, weil er Sabine sein Auto geliehen hat.

Und es ärgert ihn, dass ihm Monika so viele Fragen gestellt hat.

„Warum hat sie mir so viele Fragen gestellt!" denkt er. „Ich konnte ihr nicht antworten und jetzt weiß sie, dass etwas nicht stimmt!"

Aber was kann er machen? Jetzt ist es zu spät.

Sabine ist schon mit seinem Auto nach Salzburg gefahren.

Monika hat kein Auto.

Aber was ist, wenn sie jemanden anders fragt?

Und wenn sie heute nach Salzburg fährt und dort Sabine sieht?

ich freue mich	wir freuen uns
du freust dich	ihr freut euch
er, sie, es freut sich	sie freuen sich

Mein Auto hat ein Problem

Look at the examples:

Er war vor zwei Tagen bei ihr. He was at her place two days ago.

Sie hat sich vor zwei Tagen gefreut. She was happy two days ago.

Sie braucht seine Hilfe. She needs his help.

Er freut sich, dass sie ihn anruft. He is happy that she's phoning him.

Er hat gestern gearbeitet. He worked yesterday.

Ich kann dich morgen fahren. I can drive you tomorrow.

Sie hat sich geärgert, dass Robert ihr nicht geantwortet hat. She's annoyed that Robert didn't answer her.

Jetzt ärgert sich Monika so sehr, dass sie dem Tisch einen Tritt gibt. Monika's so annoyed now that she gives the table a kick.
Da stimmt etwas nicht! Something is wrong.

Er hat sich gestern geärgert. He was annoyed yesterday.

Seine Haut wird in der Sonne rot. His skin is getting red in the sun.

Questions / Fragen:

Hat sie schon gefrühstückt? Has she had breakfast yet?

Wie geht's? How are you?

Was machst du heute? What are you doing today?

Was brauchst du? What du you need?

Was soll er machen? What is he to do?

Wie kannst du mich morgen fahren? How can you drive me tomorrow?

Warum hat er mir nicht geantwortet? Why didn't he answer me?

Hat ihr das geholfen? Did it help her?

Warum hat sie mir so viele Fragen gestellt? Why did she ask me so many questions?

Now it's your turn:

1. Ich   mich gestern   . (sich freuen)
2. Du   dich gestern   . (sich freuen)
3. Sie   sich gestern   . (sich freuen)
4. Wir   uns gestern   . (sich freuen)
5. Ihr   euch gestern   . (sich freuen)
6. Sie   sich gestern   . (sich freuen)
7. Du   gestern   . (sich ärgern)
8. Wir   gestern   . (sich ärgern)
9. Er   gestern   . (sich ärgern)
10. Ich   gestern   . (sich ärgern)

3. Ein Unfall

der Unfall – the accident
die Autobahn – the motorway, highway
der Stau – the traffic jam
die Stadt – the town
zu Fuß – on foot
die Burg – the castle
der Laden – the shop, store
verkaufen – to sell
ich habe verkauft
kosten – to cost

Salzburg ist eine Stadt in Österreich. München ist eine Stadt in Deutschland. München und Salzburg sind zwei Städte. Von München kann man in eineinhalb (1½) Stunden auf der Autobahn nach Salzburg fahren. Salzburg ist weit weg von München.

Wenn jemand einen Unfall hat, gibt es einen Stau und man braucht vielleicht zwei oder drei Stunden für die Fahrt.

Im Stau stehen macht keinen Spaß

Heute gibt es keinen Stau auf der Autobahn. Die Sonne scheint und es sind nur wenige weiße Wolken am Himmel. Sabine ist schon in Salzburg.

Wie ist sie gefahren? Sie ist schnell gefahren, aber auch vorsichtig. Sie ist vorsichtig gefahren, weil sie mit Roberts Auto keinen Unfall haben möchte.

Jetzt freut sie sich, dass sie in Salzburg ist.

Roberts gelbes Auto steht in einer kleinen Straße. Sabine geht zu Fuß durch die Stadt.

Salzburg ist eine schöne Stadt mit vielen alten Häusern. Es gibt auch eine Burg, die viele Menschen sehen wollen. Möchte Sabine die Burg heute sehen? Nein, sie hat die Burg schon gesehen. Heute möchte sie nur zu einem Haus in Salzburg. In diesem Haus ist ein Laden, der alte Sachen verkauft.

Sabine geht langsam durch die Straßen der Stadt, bis sie zu dem Laden kommt. Als sie bei dem Laden ist, öffnet sie die Türe des Ladens. Dann geht sie in den Laden.

„Guten Tag!" sagt ein alter Mann, der im Laden steht. Der alte Mann arbeitet im Laden. Es ist sein Laden. Es ist der Laden des alten Mannes.

„Guten Tag!" sagt Sabine.

„Kann ich Ihnen helfen?" fragt der Mann.

„Ja, bitte. Ich möchte ein blaues Spielzeugauto kaufen. Es steht dort."

Der Mann nimmt das Auto.

Das ist ein sehr schönes Auto," sagt er. „Es ist aus dem Jahr 1912 (neunzehnhundertzwölf)."

„Wie viel kostet es?"

„Dieses Auto kostet zweihundertfünfzig Euro (€250)."

„Oh", sagt Sabine.

€250 sind sehr viel Geld. Hat sie genug Geld?

Ja, sie hat genug Geld. Sie hat in München viel Geld geholt, weil sie wusste, dass das Auto viel kostet.

Der alte Mann schaut sie an. Er möchte das Auto verkaufen.

Sabine gibt ihm dreihundert Euro (€300).

Der Mann freut sich. Er nimmt das Geld. Dann gibt er Sabine fünfzig Euro (€50) und das Auto. Er hat das Auto verkauft und er ist glücklich.

Sabine hat das Auto gekauft. Sie hat viel Geld gezahlt, aber sie ist auch glücklich.

„Auf Wiedersehen!" sagt Sabine und geht aus dem Laden.

„Auf Wiedersehen!" sagt der Mann.

Auf Wiedersehen! – Goodbye!
ankommen – to arrive
ich bin angekommen
parken – to park
ich habe geparkt

Während Sabine im Laden war, sind Florian und Monika auf der Autobahn nach Salzburg gefahren. Sie haben sich auch gefreut, dass auf der Autobahn kein Unfall und keinen Stau war. Sie sind eine Stunde nach Sabine in Salzburg angekommen. Sabine ist vor ihnen angekommen.

Florian parkt sein blaues Auto in einer kleinen Straße. In Salzburg gibt es viele kleine Straßen. Er hat sein Auto vorsichtig geparkt.

„Wohin gehen wir jetzt?" fragt Florian.

„Komm mit! Wir müssen nicht weit gehen", sagt Monika.

Florian geht neben Monika durch die kleinen Straßen.

Wissen sie, dass Sabine auch nach Salzburg gefahren ist? Nein, sie wissen es nicht.

„Schau, da oben ist die Burg!" sagt Florian.

Sie bleiben stehen und schauen die Burg an. Die Sonne scheint auf die Burg. Das sieht sehr schön aus.

Die Burg in Salzburg

Sabine hat Roberts gelbes Auto in einer kleinen Straße geparkt. Jetzt hat sie das Auto geholt und möchte wieder nach München fahren.

Während sie durch die Straßen Salzburgs fährt, sieht sie jemanden.

„Das ist ja … Florian!" sagt sie. „Und er ist mit Monika!"

Sie fährt mit dem Auto. Sie kann Florian und Monika nicht mehr sehen. Sabine ist nicht mehr glücklich. Sie ärgert sich, dass Florian mit Monika nach Salzburg gefahren ist.

Weil sie sich ärgert, schaut sie nicht wohin sie fährt.

knallen – to bang
es hat geknallt
weinen – to cry
ich habe geweint
gegen – against
beschädigt – damaged

Da knallt es. Sabine ist gegen ein anderes Auto gefahren. Sie hat einen Unfall!

Ein Mann kommt aus dem anderen Auto. Er ist rot im Gesicht und er schreit laut.

„Wie kann man nur so blöd sein!" schreit er.

Sabine weint.

Sie liebt Florian, aber er ist mit Monika nach Salzburg gefahren. Sie hat für viel Geld ein Spielzeugauto für Florian gekauft, aber jetzt möchte sie es ihm nicht mehr geben. Und jetzt hat sie in Roberts Auto einen Unfall.

Das Auto des Mannes ist beschädigt und Roberts Auto ist beschädigt. Aber sie hat nicht genug Geld für die zwei beschädigten Autos zu zahlen.

Und sie muss Robert sein Auto heute Abend wieder geben.

Ein Unfall auf der Autobahn

Look at the examples:

Wenn jemand einen Unfall hat, gibt es einen Stau. When someone has an accident there is a traffic jam.

Sie ist vorsichtig gefahren. She drove carefully.

Sie geht zu Fuß durch die Stadt. She is going through the town on foot.

Sie öffnet die Türe des Ladens. She opens the door of the shop.

Es ist der Laden des alten Mannes. It is the shop of the old man.

Er möchte das Auto verkaufen. He wants to sell the car.

Sie sind eine Stunde nach Sabine in Salzburg angekommen. They arrived in Salzburg one hour after Sabine.

Sabine ist gegen ein anderes Auto gefahren. Sabine has driven against another car.

Wie kann man nur so blöd sein! How can you be so stupid!

Der Zauberer hat schwarze Kleidung. The magician has black clothes.

Questions / Fragen:

Warum gibt es keinen Stau auf der Autobahn? Why is there no traffic jam on the motorway?

Wie ist sie gefahren? How did she drive?

Warum freut sie sich? Why is she happy?

Gibt es eine Burg in Salzburg? Is there a castle in Salzburg?

Was hat sie gekauft? What did she buy?

Wie viel hat das Auto gekostet? How much did the car cost?

Wen hat sie gesehen? Who did she see?

Warum hatte sie einen Unfall? Why did she have an accident?

Hast du die Pommes gegessen? Have you eaten the chips / French fries?

Now it's your turn:

1. Ich   das Auto   . (beschädigt)

2. Sie   . (weinen)

3. Florian   neben Monika   .(gehen)

4. Sabine   das Auto   . (kaufen)

5. Ich   nach München   .(fahren)

6. Er   das Auto   .(verkaufen)

7. Wie viel   das Auto   ? (kosten)

8. Sie   die Burg   . (sehen)

9. Der alte Mann   im Laden. (arbeiten)

10. Sie   gestern einen Unfall. (haben)

Liegen: to lie
Ich liege im Bett. I'm lying in bed
Ich bin im Bett gelegen. I lay in bed.

Lügen: to lie
Ich lüge. I'm lying.
Ich habe gelogen. I lied.

---

4. Hat sie gelogen?

der Sonntag – Sunday
der Montag – Monday
der Donnerstag – Thursday
schlecht – bad
deshalb – therefore, that's why
immer wieder – again and again

Gestern war Sonntag. Es war kein guter Tag für Robert, es war ein schlechter Tag.

Sabine sollte ihm sein Auto am Samstagabend wieder geben, aber sie hat es nicht gemacht.

Hat sie gelogen?

Er hat sie immer wieder angerufen, aber sie hat nicht geantwortet. Warum hat sie ihn nicht angerufen? Was ist mit ihr? Hatte sie einen Unfall? Wo ist sie? Er hat Angst um Sabine.

Aber er ärgert sich auch. Er möchte sein Auto am Donnerstag verkaufen, weil er das Geld braucht. Sein Freund Andreas möchte es kaufen. Jetzt weiß er nicht, ob er es verkaufen kann.

Aber das war nicht alles.

Er hat auch immer wieder Monika angerufen. Sie hat auch nicht geantwortet. Sie wollte am Samstag mit ihm nach Salzburg fahren, aber er hat gelogen und ihr gesagt, dass sein Auto ein Problem hat. Weiß sie, dass er gelogen hat? Möchte sie ihn deshalb nicht sprechen?

Und was ist mit Florian? Auch Florian hat er am Samstag angerufen und auch Florian hat nicht geantwortet.

Deshalb war gestern ein sehr schlechter Tag für Robert.

Heute ist Montag. Am Montag ist Robert nicht zu Hause.

Am Morgen ist er in seinem Bett aufgewacht. Er hat sich im Badezimmer geduscht und dann angezogen. Zum Frühstück hatte er ein Brot mit Butter und eine Tasse heißen Kaffee. Dann ist er mit dem Bus in die Stadt gefahren. Er muss dort arbeiten.

das Büro – the office
seit – since, for
die Arbeit – the work, job
kurz – short
vor drei Jahren – three years ago
die Werkstatt – garage, workshop

Im Büro gibt es viel Arbeit

Robert arbeitet in einem Büro. Er arbeitet gerne in dem Büro. Er arbeitet seit zwei Jahren in dem Büro. Er hat dort seit zwei Jahren gearbeitet.

Heute macht ihm die Arbeit keinen Spaß. Er denkt immer wieder an Monika, Sabine und sein Auto. Seine Probleme ärgern ihn.

Sein Handy klingelt.

Er schaut auf das Handy. Er möchte sehen, wer ihn anruft. Es ist sein Freund Andreas.

Andreas, dem er sein Auto am Donnerstag verkaufen möchte!

Robert nimmt das Handy.

„Servus, Andreas!" sagt er. „Wie geht's?"

„Hallo, Robert! Es geht so. Und was machst du? Bist du in der Arbeit?"

„Ja."

„Dann nur eine kurze Frage. Am Donnerstag verkaufst du mir dein Auto, ja?"

„Äh, ja. Warum?"

„Und dein Auto war noch nie in einem Unfall, oder?"

„Nein, noch nie. Ich habe das Auto seit drei Jahren und es hatte noch nie einen Unfall. Ich habe es vor drei Jahren neu gekauft. Warum fragst du?"

„Ach, nichts. Nur, ein Freund von mir arbeitet in einer Werkstatt und er hat mir gesagt, dass eine Frau heute Morgen ein Auto gebracht hat. Es ist ein gelbes Auto, wie deins, und es war am Samstag in einem Unfall. Aber wenn dein Auto keinen Unfall hatte, ist das nur ein Zufall. Nun ja, ich hänge jetzt auf, damit du wieder arbeiten kannst. Bis Donnerstag. Tschüss!"

Robert legt das Handy auf den Tisch.

Er denkt jetzt nicht mehr an seine Arbeit. Er denkt an sein Auto. Was hat Sabine mit dem Auto gemacht? Hatte sie vielleicht einen Unfall und hat es in die Werkstatt gebracht? Aber warum hat sie ihn nicht angerufen, um ihm alles zu sagen?

Ihm wird heiß, wenn er an das Auto denkt. Er verkauft das Auto an Andreas für zwanzigtausend Euro (€20,000) und er braucht das Geld wirklich.

ich lüge	wir lügen
du lügst	ihr lügt
er, sie, es lügt	sie lügen

„He, Robert!" ruft jemand hinter ihm. „Schläfst du heute, oder was?"

Da ist Robert wieder wach. Richtig! Er sitzt im Büro und soll arbeiten.

„Was? Äh, nein. Ich habe nur ein Problem. Entschuldigung!"

Robert macht sich wieder an die Arbeit. Es ist ein langer Nachmittag. Er ist müde und hat heute keine Lust zu arbeiten.

Er muss immer wieder an das Auto in der Werkstatt denken.

Was, wenn Andreas recht hat? Wenn sein Auto in der Werkstatt ist, dann hatte es einen Unfall. Und wenn es einen Unfall hatte, kann er es nicht für zwanzigtausend Euro an Andreas verkaufen!

Gerade jetzt, wo er das Geld wirklich braucht!

Aber es hilft alles nichts. Niemand ruft ihn an und sagt ihm, wo sein Auto ist, oder was Sabine und Monika machen.

Der Baron Münchhausen lügt immer

Look at the examples:

Es war kein guter Tag für Robert. It wasn't a good day for Robert.

Sie hat es nicht gemacht. She didn't do it.

Er hat Angst um Sabine. He is worried about Sabine.

Jetzt weiß er nicht, ob er es verkaufen kann. Now he doesn't know, if he can sell it.

Er hat dort seit zwei Jahren gearbeitet. He has been working there for two years.

Dein Auto war noch nie in einem Unfall. Your car has never been in an accident.

Ein Freund von mir arbeitet in einer Werkstatt. A friend of mine works in a garage.

Es war am Samstag in einem Unfall. It was in an accident on Saturday.

Er braucht das Geld wirklich. He really needs the money.

Sie hat am Samstag gelogen. She lied on Saturday.

Meine Eltern haben die Karten gekauft. My parents have bought the tickets.

Questions / Fragen:

Hat sie gelogen? Did she lie?

Warum hat sie ihn nicht angerufen? Why didn't she phone him?

Hatte sie einen Unfall? Did she have an accident?

Weiß sie, dass er gelogen hat? Does she know that he lied?

Und was ist mit Florian? And what about Florian?

Bist du in der Arbeit? Are you at work?

Was hat Sabine mit dem Auto gemacht? What has Sabine done with the car?

Was, wenn Andreas recht hat? What, if Andreas is right?

Was macht der Engel gerade? What is the angel doing right now?

Warum lügt er sie an? Why is he lying to her?

Warum hat sie ihn angelogen? Why did she lie to him?

Now it's your turn:

1. Gestern   ein schlechter Tag für ihn. (sein)

2. Am Montag   er im Büro. (arbeiten)

3. Er   sein Auto am Donnerstag   . (möchten / verkaufen)

4.   sie, dass er gestern   ? (wissen / lügen)

5. Er   sie am Sonntag   . (anrufen)

6. Sie   gestern einen Unfall. (haben)

7. Er   gestern in die Stadt   . (fahren)

8. Er   seit zwei Jahren in dem Büro. (arbeiten)

9. Ich   es vor drei Jahren   . (kaufen)

10. Du   mich gestern   . (anrufen)

5. Sabine ist eifersüchtig

wütend – angry
traurig – sad
das Glück – luck
Glück haben – to be lucky
Pech haben – to be unlucky
bevor – before
die Polizei – the police
eifersüchtig – jealous
betrügen – to cheat: ich habe betrogen
hassen – to hate: ich habe gehasst
das Foto – the photo
werfen – to throw: ich habe geworfen

Sabine ist am Samstag sehr spät nach München gefahren. Es war schon Nacht, als sie in München angekommen ist. Eigentlich musste sie nur eineinhalb Stunden von Salzburg nach München fahren. Aber sie hatte einen Unfall in Salzburg.

Warum hatte sie einen Unfall?

Sie hat ihren Freund Florian mit Monika dort gesehen. Sie war eifersüchtig, wütend und traurig. Sie hat nicht geschaut, was sie macht. Dann hat es geknallt. Sie ist gegen ein anderes Auto gefahren.

Der Fahrer des Autos war sehr wütend. Er hat laut geschrien. Dann war Sabine auch wütend und wollte ihn schlagen. Zum Glück ist die Polizei gekommen, bevor sie ihn schlagen konnte.

„Wie konnte ich nur so viel Pech an einem Tag haben?" fragt sie sich, als sie wieder zu Hause ist. „Ich habe Florian für viel Geld ein schönes Spielzeugauto gekauft. Und was macht er? Er betrügt mich mit Monika!"

Auf ihrem Tisch steht ein Foto von Florian. Sie nimmt es in die Hände und schaut es an. Jetzt weint sie.

„Ich hasse dich!" schreit sie und wirft das Foto auf den Boden.

„Ich habe dich so geliebt und du betrügst mich mit meiner Freundin! So eine Scheiße!"

Sabine hasst Florian und sie möchte Monika nie wieder sehen. Sie ist sehr eifersüchtig.

Sie ist wütend und traurig, dass ihr Freund sie mit ihrer Freundin betrügt.

Dann denkt sie an Roberts Auto. Das Auto ist beschädigt. Sie hat es schon in eine Werkstatt gebracht, aber sie kann es nur am Donnerstag wieder holen.

Robert hat sie angerufen, aber sie hat nicht geantwortet. Sie hat Angst ihm zu sagen, dass sein Auto beschädigt ist.

Da klingelt ihr Handy.

Es ist Florian. „Er weiß nicht, dass ich ihn mit Monika gesehen habe", denkt sie. „Und jetzt will er mit mir und Monika … oh, so eine Scheiße!" ruft sie und wirft das Handy auf das Sofa.

Sie hat das Handy nicht auf den Boden geworfen, weil sie es nicht beschädigen wollte.

ich betrüge	wir betrügen
du betrügst	ihr betrügt
er, sie, es betrügt	sie betrügen

Betrügt er sie?

Es klingelt an der Türe.

„Ist es Florian?" denkt Sabine. „Nein, das kann nicht sein. Er hat sie doch gerade angerufen. Aber wer ist es dann?"

Sie geht schnell zur Türe und öffnet sie.

Wer steht vor der Türe? Ist es Florian? Nein, es ist ihre Freundin Helga.

„Servus, Helga!" sagt Sabine traurig.

„Hallo, Sabine! Du weinst ja! Was ist denn los?" fragt Helga und geht in Sabines Wohnung.

Sabine schließt die Türe wieder.

Im Wohnzimmer sieht Helga sofort das beschädigte Foto von Florian auf dem Boden. „Oh je!" denkt sie. „Sabine und Florian haben sich gestritten." (streiten – gestritten)

Helga weiß noch nicht, dass Sabine eifersüchtig ist.

Die Freundinnen setzen sich zusammen auf das Sofa. Sabine weint und sagt Helga, was sie am Samstag gemacht hat, wie Florian sie betrogen hat, und wie sie mit Roberts Auto einen Unfall hatte.

„Ach du Scheiße!" sagt Helga. Jetzt versteht sie, warum Sabine weint.

„Und ich weiß nicht", sagt Sabine während sie weint, „wie ich für die zwei beschädigten Autos zahlen soll. Ich habe fast kein Geld."

„Tja," sagt Helga langsam, „warum fragst du nicht Florian? Er hat viel Geld. Frage ihn, ob er dir das Geld leiht."

„Was? Ich hasse ihn! Ich möchte ihn nie wieder sehen und…"

„Aber Sabine! Du musst an dich denken! Florian weiß nicht, dass du ihn mit Monika gesehen hast, oder?"

„Nein, er weiß es nicht."

„Na also, dann kannst du ihn fragen."

„Aber ich will nicht mit ihm sprechen."

Jetzt sei nicht so blöd, Sabine! Er hat dich mit Monika betrogen und du hattest deshalb den Unfall. Jetzt leihst du dir das Geld von Florian und zahlst für die Autos. Wenn er das Geld wieder haben will, dann gibst du es ihm nicht."

„Ich soll ihn betrügen?"

„Eigentlich betrügst du ihn nicht. Florian soll für die beschädigten Autos zahlen. Du hattest den Unfall nur, weil er dich betrogen hat. Warum sollst du dafür zahlen? Das ist sein Problem!"

Sabine denkt nach.

„Eigentlich hast du recht", sagt Sabine. „Florian soll für die Probleme selber zahlen. Wenn er so schlecht zu mir ist, dann kann ich auch schlecht sein. Ach was, eigentlich bin ich nicht schlecht. Er hat mich betrogen und belogen und jetzt soll er zahlen!"

Jetzt geht es Monika nicht mehr so schlecht. Sie weint nicht mehr.

Aber sie ist immer noch eifersüchtig.

„Du bist eine echt gute Freundin", sagt Sabine.

„Na also", lacht Helga. „Hast du was Gutes im Kühlschrank?"

die Flasche – the bottle
der Wein – the wine

„Ich habe eine Flasche Wein. Eigentlich wollte ich den Wein mit Florian trinken."

„Dem kannst du Wasser geben! Den Wein trinkst du jetzt mit mir!"

ich leihe	wir leihen
du leihst	ihr leiht
er, sie, es leiht	sie leihen

Look at the examples:

Es war schon Nacht, als sie in München angekommen ist. It was night already when she arrived in Munich.

Sie war eifersüchtig, wütend und traurig. She was jealous, angry and sad.

Zum Glück ist die Polizei gekommen, bevor sie ihn schlagen konnte. Fortunately, the police came before she could hit him.

Sie haben sich gestritten. They quarrelled.

Er hat sie mit Monika betrogen. He cheated on her with Monika.

Sie hat das Handy auf das Sofa geworfen. She threw the mobile phone on the sofa.

Sie sagt Helga, wie Florian sie betrogen hat. She tells Helga how Florian cheated on her.

Ich habe fast kein Geld. I've got almost no money.

Schau herum! Look around!

Questions / Fragen:

Warum ist sie sehr spät nach München gefahren? Why did she drive to Munich very late?

Warum hattest du einen Unfall? Why did you have an accident?

Wer war eifersüchtig? Who was jealous?

Wie konnte ich so viel Pech haben? How could I have so much bad luck?

Wen hasst Sabine? Who does Sabine hate?

Warum hat sie das Foto auf den Boden geworfen? Why did she throw the photo on the floor?

Hast du dich mit Florian gestritten? Did you quarrel with Florian?

Warum sollst du dafür zahlen? Why should you pay for it?

Bist du traurig? Are you sad?

Liegt der Löwe auf dem Gras? Is the lion lying on the grass?

Now it's your turn:

1. Warum   du Florian? (hassen)

2.   Sabine Florian noch? (lieben)

3. Ich   das Handy auf den Boden   . (werfen)

4. Du   mich   . (betrügen)

5. Sie   traurig, weil er sie   .(sein / betrügen)

6. Ich   mich mit Sabine   . (streiten)

7.   du ihm das Geld   ? (geben)

8. Ich   ihn nicht   . (anrufen)

9. Er   die Unterwäsche nicht   . (ausziehen)

10. Sie   im Schlafzimmer   . (weinen)

6. Etwas stimmt nicht

treffen – to meet: ich habe getroffen
entlang – along
jung – young

ich treffe	wir treffen
du triffst	ihr trefft
er, sie, es trifft	sie treffen

Nach der Arbeit möchte Robert in die Werkstatt gehen. Er möchte wissen, ob es sein Auto ist, das der Freund von Andreas dort gesehen hat.

Als er die Straße entlang geht, spricht jemand zu ihm.

„Hallo, Robert!"

Er schaut sich um. Eine junge Frau steht neben ihm. Wer ist sie? Dann weiß er es wieder. Sie heißt Helga und ist Sabines Freundin.

„Servus, Helga!" sagt er. „Wie geht's?"

„Gut, danke! Und was machst du so?"

„Ich gehe gerade in die Werkstatt, um nach einem Auto zu schauen. Und was ist mit dir? Wohnst du hier?"

„Nein, ich war gerade bei Sabine. Wir haben lange gesprochen und mehr als eine Flasche Wein getrunken. Wir haben über Probleme in der Liebe gesprochen", sagt Helga.

Helga weiß nicht, dass Monika die Freundin von Robert ist.

„So?" sagt Robert langsam. „Ich wusste nicht, dass Helga Probleme in der Liebe hat."

Helga schaut sich um. Es ist niemand da. Sie sind alleine.

„Dir kann ich es ja sagen. Du bist einer von Sabines Freunden."

Sie sieht ihn mit großen Augen an. Kann sie es ihm wirklich sagen?

„Ja", sagt Robert. „Ich bin einer ihrer Freunde."

„Also, ihr Freund, der Florian, ist wirklich schlecht. Er hat sie betrogen! Und weiß du was? Er hat sie mit ihrer Freundin betrogen!"

„Nein!"

„Oh, ja! Aber da kommt mein Freund. Ich muss gehen. Tschüss!"

„Mit welcher Freundin?" ruft Robert. Aber Helga geht schnell weiter.

„Wie heißt die Freundin, mit der Florian Sabine betrogen hat?"

Helga hört ihn nicht mehr.

glauben – to believe: ich habe geglaubt
seltsam – strange, odd
die Woche – the week
letzte – last
erst – first

Robert kann nicht glauben, was er gehört hat. Hat Florian Sabine wirklich betrogen? Und mit welcher Freundin von Sabine hat er sie betrogen?

Es war alles sehr seltsam!

Letzte Woche waren Florian und Sabine, und Monika und er selber noch glücklich zusammen. Und jetzt hat Florian seine Freundin betrogen, Monika ruft ihn nicht an und Sabine hat sein Auto…!"

„Das Auto!" ruft Robert laut. „Ich habe Helga nicht nach meinem Auto gefragt! Aber sie hat gesagt, dass Sabine zu Hause ist. Jetzt gehe ich erst in die Werkstatt und dann zu Sabine."

ich glaube	wir glauben
du glaubst	ihr glaubt
er, sie, es glaubt	sie glauben

Es ist nicht weit zu der Werkstatt. Robert muss nur kurze Zeit zu Fuß gehen.

Als er bei der Werkstatt ankommt, steht an der Türe ein großes Wort:

Geschlossen

Die Werkstatt ist schon geschlossen. Sie ist nicht mehr auf.

„Warum ist die Werkstatt so früh geschlossen?" fragt sich Robert. „Das ist sehr seltsam. Um diese Zeit sollte sie noch offen sein. Nun ja, dann gehe ich jetzt zu Sabine."

Was hat Sabine gemacht, als ihre Freundin Helga weggegangen ist?

Erst hat sie auf die drei Flaschen Wein auf ihrem Tisch geschaut.

„Ich glaube, ich habe zu viel Wein getrunken", sagt Sabine. „Aber vielleicht ist das gut. Helga hat mir ja gesagt, ich soll mir das Geld bei Florian leihen. Leihen ist gut!" lacht sie.

Dann hat sie sich angezogen und ist aus der Wohnung gegangen.

49

Als Robert vor ihrer Türe war und geklingelt hat, war sie schon auf dem Weg zu Florian.

Als Sabine die Türe nicht geöffnet hat, war Robert wütend.

„Da stimmt doch etwas nicht!" sagt er laut. „Helga hat gesagt, dass Sabine zu Hause ist und viel Wein getrunken hat."

Robert hat immer wieder geklingelt, aber es hat niemand geöffnet.

„Die Werkstatt ist geschlossen, Sabine macht nicht auf und wo mein Auto ist, weiß ich auch nicht. Was für eine Scheiße! Warum habe ich so viel Pech? Ich möchte auch wirklich wissen, was Monika macht. Aber wenn ich jetzt zu ihr gehe, macht sie vielleicht auch nicht auf. Ich hatte heute schon genug Pech. Nun ja, ich habe zu Hause noch Bier im Kühlschrank. Heute Abend gehe ich nach Hause und trinke mein Bier. Das Auto, Sabine und Monika müssen bis morgen warten!"

Look at the examples:

Etwas stimmt nicht. Something isn't right.

Er möchte wissen, ob es sein Auto ist, das der Freund von Andreas dort gesehen hat. He wants to know if it is his car that Andreas' friend saw there.

Ich gehe gerade in die Werkstatt, um nach einem Auto zu schauen. I'm just going to the garage to look at a car.

Du bist einer von Sabines Freunden. You are one of Sabine's friends.

Robert kann nicht glauben, was er gehört hat. Robert can't believe what he has heard.

Robert muss nur kurze Zeit zu Fuß gehen. Robert only has to go on foot for a short time.

Ich glaube, ich habe zu viel Wein getrunken. I believe I've drunk too much wine.

Er hebt das Glas und sagt: Prost! He lifts the glass and says: Cheers!

Questions / Fragen:

Warum habe ich so viel Pech? Why am I so unlucky?

Wohin möchte Robert nach der Arbeit gehen? Where does Robert want to go to after work?

Und was machst du so? And what are you up to?

Wer hat Sabine betrogen? Who cheated on Sabine?

Mit welcher Freundin von Sabine hat er sie betrogen? With which of Sabine's girlfriends has he cheated on her?

Waren die vier Freunde letzte Woche noch glücklich? Were the four friends still happy last week?

Was haben sie letzte Woche gemacht? What did they do last week?

Warum ist die Werkstatt so früh geschlossen? Why is the garage closed so early?

Was möchte sich Sabine von Florian leihen? What does Sabine want to borrow from Florian?

Kann Florian ihr das Geld leihen? Can Florian lend her the money?

Ist das Bier warm oder kalt? Is the beer warm or cold?

Now it's your turn:

1. Er   Helga nach der Arbeit   .
(treffen)

2. Eine junge Frau   neben ihm. (stehen)

3. Wir   über Probleme   . (sprechen)

4. Florian   sie   . (betrügen)

5. Letzte Woche   die Freunde glücklich.
(sein)

6. Gestern   ein seltsamer Tag. (sein)

7.   du, dass sie zu Hause ist? (glauben)

8. Ich   , er hat sie   . (glauben /
betrügen)

9. Mein Handy   gestern   . (klingeln)

10. Warum   ich so viel Pech? (haben)

7. Eine gute Idee

der Dienstag – Tuesday
oft – often
vergessen – to forget: ich habe vergessen
irgendwo – somewhere
die Idee – the idea
schreiben – to write: ich habe geschrieben

Er hat eine gute Idee

Gestern hat sich Sabine das Geld für die zwei beschädigten Autos geliehen. Sie möchte Florian das Geld nicht wieder geben, weil sie glaubt, dass er sie betrogen hat.

Florian weiß das nicht. Er hat keine Ahnung, dass sie wütend ist. Sie hat ihm auch nicht gesagt, warum sie das Geld braucht. Er hat ihr das Geld geliehen, weil er sie liebt.

Florian hat sie geküsst.

Sabine ist sehr eifersüchtig, weil sie Florian mit Monika in Salzburg gesehen hat. Sie liebt ihn noch immer, aber sie weiß es nicht. Sie ist zu eifersüchtig. Sie hasst ihn.

Sie hat ihn geküsst, als er ihr das Geld gegeben hat, aber sie hat nicht bei ihm geschlafen. Sie ist wieder nach Hause gegangen und hat bei sich geschlafen – alleine.

Zu Hause hat sie gelacht. „So viel Geld für einen Kuss, das ist gut", hat sie gesagt.

Heute ist Dienstag.

Robert kann nicht vergessen, was ihm Helga gestern gesagt hat.

„Mit welcher Freundin hat Robert sie betrogen?" fragt er sich immer wieder.

Und:

„Warum antwortet Monika nicht, wenn ich sie anrufe?"

„Hat Monika ihr Handy irgendwo vergessen? Oder haben Monika und Florian …? Aber nein, das kann nicht sein!"

Monika und Florian!

Robert denkt so viel nach, dass er langsam eifersüchtig wird.

„Was kann ich nur machen? Vielleicht sollte ich zu Florian fahren und … aber nein, ich habe mein Auto nicht. Jetzt habe ich eine Idee. Ich schreibe auf meinem Handy an Monika, Sabine und Florian."

ich schreibe	wir schreiben
du schreibst	ihr schreibt
er, sie, es schreibt	sie schreiben

Was schreibt Robert an seine Freunde?

55

Servus Florian,

ich weiß nicht, was ich machen soll. Eigentlich wollte ich zu dir fahren, aber ich habe vergessen, dass ich mein Auto nicht habe.

Warum habe ich mein Auto nicht?

Das ist eine gute Frage. Ich möchte es auch wissen. Am Freitagabend hat es bei mir geklingelt. Als ich die Türe geöffnet habe, ist Sabine schnell in meine Wohnung gegangen. Sie wollte mein Auto haben. Ich habe keine Ahnung warum, aber sie wollte am Samstag nach Salzburg fahren.

Eigentlich wollte ich ihr das Auto nicht leihen, aber ich hatte Angst, dass Monika kommt und Sabine bei mir sieht. Ich wollte, dass Sabine schnell wieder geht. Deshalb habe ich ihr das Auto geliehen.

Sabine wollte mir mein Auto am Samstagabend wieder geben, aber sie hat es nicht gemacht. Ich habe sie schon oft angerufen, aber sie antwortet nie. Ich war auch gestern Abend bei ihr und habe geklingelt, aber sie hat nicht geöffnet.

Weißt du, was los ist?

Hatte sie vielleicht einen Unfall?

Ich möchte mein Auto am Donnerstag verkaufen. Ich brauche das Geld wirklich und jetzt weiß ich nicht, was ich machen soll.

Hast du vielleicht eine Idee?

Liebe Grüße
Dein Robert

Hallo Sabine,

Ich habe dir mein Auto am Freitag geliehen. Du wolltest es mir am Samstagabend wieder bringen.

Du hast das nicht gemacht. Warum nicht?

Ich habe dich schon so oft angerufen, aber du antwortest nie auf meine Anrufe. Und gestern Abend habe ich bei dir geklingelt. Ich habe Helga auf der Straße getroffen. Sie hat mir gesagt, dass du zu Hause bist! Warum hast du mir nicht geöffnet, als ich geklingelt habe? Das ist nicht nett von dir.

Ich verkaufe mein Auto am Donnerstag an einen Freund. Er weiß, dass das Auto nur drei Jahre alt ist und noch nie einen Unfall hatte.

Ich brauche das Geld wirklich!

Wo ist mein Auto?

Bitte antworte mir oder rufe mich an.

Liebe Grüße
Robert

Liebe Monika,

ich liebe dich so sehr!

Ich habe dich so oft angerufen, aber du antwortest nie! Wie geht es dir? Hast du Probleme?

Oder bist du wütend, weil ich dich am Samstag nicht nach Salzburg fahren konnte?

Bitte sei nicht wütend auf mich, das macht mich traurig.

Ach, und noch etwas. Ich habe gehört, dass Florian Sabine betrogen hat. Stimmt das? Hast du etwas gehört?

Tausend und wieder tausend Küsse für dich, meine liebe Monika,
Dein Robert

Look at the examples:

Du hast dein Handy wieder irgendwo vergessen. You've forgotten your mobile phone again somewhere.

Sie hatte eine schlechte Idee. She had a bad idea.

Wir haben oft geschrieben. We've written many times.

Ich muss jeden Dienstag arbeiten gehen. I have to go to work every Tuesday.

Er hat keine Ahnung, dass sie wütend ist. He's got no idea that she's angry.

Sie ist zu eifersüchtig. She's too jealous.

Sie ist so eifersüchtig, dass sie ihn hasst. She's so jealous that she hates him.

Sie hat nicht **bei** ihm geschlafen. She didn't spend the night at his place.

Sie hat nicht **mit** ihm geschlafen. She didn't sleep with him.

München ist ein schöner Ort. Munich is a nice place.

Questions / Fragen:

Hast du ihn geküsst? Did you kiss him?

Warum bist du so eifersüchtig? Why are you so jealous?

Hat Monika ihr Handy irgendwo vergessen? Did Monika forget her mobile phone somewhere?

Möchtest du Käse oder Honig essen? Would you like to eat cheese or honey?

Hast du mit dem Zauberspiegel im Keller gesprochen? Did you speak to the magic mirror in the cellar?

Hast du ein paar Münzen auf den Boden geworfen? Did you throw a few coins on the floor?

Warum hast du mir nicht geöffnet, als ich geklingelt habe? Why didn't you open for me when I rang the bell?

Hast du die Haare mit Schampu gewaschen? Did you wash your hair with shampoo?

Now it's your turn:

1. Ich   dir das Geld   . (leihen)

2. Helga   Robert auf der Straße   .
(treffen)

3. Ich   dir   . (schreiben)

4. Wo   du dein Handy   ? (vergessen)

5. Du   sehr eifersüchtig. (sein)

6. Sie   ihn   . (küssen)

7. Ich   dich   . (küssen)

8. Er   sie   . (küssen)

9. Sie   ihn sehr oft. (küssen)

10. Er   ihr das Auto   . (leihen)

8. Der Showdown

der Mittwoch – Wednesday
hoffen – to hope: ich habe gehofft
bekommen – to get
freundlich – friendly

ich hoffe	wir hoffen
du hoffst	ihr hofft
er, sie, es hofft	sie hoffen

Heute ist Mittwoch.

Gestern, am Dienstag, hat Robert an seine drei Freunde geschrieben. Heute Abend wollen sie sich bei Florian treffen.

Was wollen sie?

Robert hofft, dass er sein Auto wieder bekommt. Er hofft auch, dass Monika ihn nicht mit Florian betrogen hat.

Sabine hofft, dass Robert nicht wütend ist, weil sie mit seinem Auto einen Unfall hatte. Sie kann ihm das Auto erst morgen, am Donnerstag, geben. Sie weiß nicht, wie sie mit Florian und Monika sprechen soll.

Monika hofft, dass zwischen ihr und Robert alles gut ist.

Und Florian? Nun, er möchte wissen, warum es so viele Probleme gibt und was die Probleme sind.

Als Robert bei Florian klingelt, ist er aufgeregt, weil er sich freut Monika wiederzusehen, aber er ärgert sich auch, dass er nicht mit dem Auto fahren konnte.

„Hallo, Robert!" sagt Florian. „Komm rein!"

61

"Servus, Florian", sagt Robert ohne ihm in die Augen zu schauen und geht schnell durch die Türe in das Haus.

„Robert ist nicht sehr freundlich heute", denkt Florian.

Während er noch in der offenen Türe steht, sieht er schon Sabine und Monika kommen. Er freut sich Sabine zu sehen.

„Servus, Florian!" sagt Monika und geht in das Haus. Sie ist freundlich.

Dann kommt Sabine.

Florian möchte sie küssen, aber sie küsst ihn nicht. Sie sagt nichts und geht schnell in das Haus.

„Oh je!" denkt Florian. „Da stimmt etwas nicht! Sie ist nicht freundlich."

Er schließt die Türe und geht den anderen nach. Als er in das Wohnzimmer kommt, stehen Robert, Sabine und Monika. Sie haben sich nicht auf ein Sofa gesetzt und sie sagen nichts.

die Stimmung – the mood
eisig – icy
die Kuh – the cow
der Kronleuchter – the chandelier
die Glasscherbe – glass shard
fliegen – to fly: ich bin geflogen

Die Stimmung ist eisig.

„So", sagt Florian, als er in das Zimmer kommt. „Schön, dass ihr alle hier seid. Ich sehe, die Stimmung ist schlecht, aber ich hoffe, dass wir über alle Probleme sprechen können. Vielleicht sprechen wir erst über Roberts Auto. Sabine, Robert sagt, er hat dir sein Auto am Freitag geliehen und dass du es ihm am Samstagabend wieder geben wolltest. Aber du hast es nicht gemacht. Warum nicht?"

„Was!" ruft Monika laut und schaut Robert wütend an. „Du hast mir gesagt, dass dein Auto ein Problem hat, aber du hast es Sabine geliehen. Betrügst du mich mit ihr?"

Robert wird rot im Gesicht.

„Ha!" schreit Sabine. „Du sprichst von Betrügen, du blöde Kuh! Und was machst du? Du betrügst mich mit Florian! Ich hasse dich!"

Sabine ist sehr wütend und eifersüchtig. Sie nimmt einen Maßkrug, der auf dem Tisch steht, und wirft ihn auf Monika.

Im Zimmer gibt es einen Kronleuchter. Der Maßkrug trifft den Kronleuchter. Da fliegen tausend Glasscherben durch das Zimmer.

Die Glasscherben liegen auf dem Boden und auf dem Sofa, auf dem Tisch sind Glasscherben, in der Kleidung und den Haaren der vier Freunde sind Glasscherben. Zum Glück hat niemand eine Glasscherbe ins Auge bekommen.

„Das gibt es doch nicht", sagt Florian. Er hat so etwas noch nie gesehen.

„Und warum betrügst du mich mit Monika?" schreit ihn Sabine an und weint.

„Aber ich habe dich nicht betrogen!" sagt Florian.

„Du lügst! Ich habe euch in Salzburg zusammen gesehen!"

„Ja, das stimmt", sagt Florian. „Ich habe Monika nach Salzburg gefahren. Sie wollte meine Hilfe, weil sie nach Salzburg musste. Aber ich habe dich nicht mit ihr betrogen!"

„Aha", sagt Robert zu Sabine. „Du bist nach Salzburg gefahren und hast Monika mit Florian gesehen. Das kann sein. Monika wollte von mir, dass ich sie nach Salzburg fahre, aber ich konnte es nicht, weil ich dir mein Auto geliehen habe. Und wo ist mein Auto, bitte?"

„Oh je", sagt Sabine. „Als ich Monika neben Florian gesehen habe, war ich im Auto. Ich habe nicht geschaut, wohin ich fahre und hatte einen kleinen Unfall. Dein Auto ist in der Werkstatt. Du bekommst es morgen wieder. Entschuldigung", sagt sie leise.

„Und warum hast du dir von mir so viel Geld geliehen?" fragt Florian.

„Ich habe das Geld für die zwei beschädigten Autos gebraucht", sagt Sabine und weint wieder.

„Also hat niemand von uns jemanden betrogen", sagt Monika langsam. „Warum streiten wir uns dann eigentlich?"

„Da ist nur die Sache mit meinem Auto", sagt Robert.

„Und mein Kronleuchter und mein Geld", sagt Florian.

Alle schauen zu Sabine.

Sabine weint nicht mehr.

„Scheiße", sagt sie. „Warum habe ich so viel Pech?!"

Ein Kronleuchter

Look at the examples:

Robert hat an seine drei Freunde geschrieben. Robert has written to his three friends.

Robert hofft, dass er sein Auto wieder bekommt. Robert is hoping to get his car back again.

Sie kann ihm das Auto erst morgen, am Donnerstag, geben. She can only give him the car tomorrow, on Thursday.

Er schließt die Türe und geht den anderen nach. He closes the door and follows the others.

Die Stimmung ist schlecht. The mood is bad.

Du bist in schlechter Stimmung. You're in a bad mood.

Betrügst du mich mit ihr? Are you cheating on me with her?

Der Maßkrug trifft den Kronleuchter. The tankard hits the chandelier.

Ich habe nicht geschaut, wohin ich fahre und hatte einen kleinen Unfall. I wasn't looking where I was driving and had a small accident.

Also hat niemand von uns jemanden betrogen. So none of us cheated on anyone.

Er wohnt nicht hier, er wohnt anderswo. He doesn't live here, he lives elsewhere.

Questions / Fragen:

Was möchtest du wissen? What do you want to know?

Warum bist du nicht freundlich? Why aren't you being friendly?

Warum ist die Stimmung eisig? Why is there an icy mood?

Warum hat Robert das Auto nicht bekommen? Why didn't Robert get the car?

Warum hast du nicht geschaut, wohin du fährst? Why didn't you look where you were driving?

Warum streiten wir uns dann eigentlich? So why the heck are we quarrelling?

Now it's your turn:

1. Ich   du   dein Auto am Mittwoch.
(hoffen / bekommen)

2. Du   nicht sehr freundlich. (sein)

3. Er   sehr wütend nach dem Unfall. (sein)

4. Sie   traurig, weil er sie   .(sein
/ betrügen)

5. Die Stimmung   eisig gestern. (sein)

6. Viele Glasscherben   durch das Zimmer
    . (fliegen)

7. Ich   dir mein Auto   . (leihen)

8. Warum   du mich? (hassen)

9. Du   gestern   . (lügen)

10. Warum   du das Geld   ? (brauchen)

9. Eine geile Party

Ein paar Wochen später.

Manchmal sieht Florian noch eine Glasscherbe in seinem Wohnzimmer. Aber er hat einen neuen Kronleuchter. Mit Sabine ist er wieder glücklich zusammen. Er hat für die beschädigten Autos gezahlt. Sabine musste ihm das Geld, das er ihr geliehen hatte, nicht wieder geben. Er liebt sie und er hat viel Geld. Für ihn war das kein Problem.

Heute Abend gibt es bei Florian eine Party. Es ist Freitag. Das ist ein guter Tag für eine Party, weil morgen Samstag ist und niemand in die Arbeit muss. Sie können morgen lange schlafen.

In Florians Partykeller sind jetzt viele Menschen.

Was machen sie in dem Keller?

Sie hören laute Musik, sie tanzen, sie trinken Wein und Bier und sie lachen.

Eine geile Party

betrunken – drunk
fallen – to fall: ich bin gefallen
bald – soon
der Polizist – the police officer

Sabine ist schon lange auf der Party. Sie tanzt gerade mit Florian. In einer Hand hat sie ein Glas Weißwein. Sie hat schon viel Wein getrunken. Deshalb ist sie betrunken.

„Deine Party ist echt geil!" ruft sie.

Während sie tanzt und ruft, fliegt etwas Weißwein aus dem Glas und auf Florian. Jetzt hat er Weißwein auf dem T-shirt.

Als Sabine den Wein auf seinem T-shirt sieht, lacht sie. Sie ist betrunken und glücklich.

Florian lacht auch. Er ist auch betrunken.

Nicht nur Sabine und Florian sind betrunken. Es gibt niemanden auf der Party, der nicht betrunken ist. Sie sind alle betrunken.

Ein junger Mann und eine junge Frau tanzen. Sie sind sehr betrunken. Dann fallen sie auf ein Sofa. Sie sind so betrunken, dass sie nicht mehr stehen können und auf das Sofa fallen.

Sie fallen sehr schnell auf das Sofa. Da fällt auch das Sofa um. Jetzt sind der Mann und die Frau auf den Boden gefallen.

Das ist sehr lustig und alle lachen.

„Ich glaube", ruft der Mann am Boden, „ihr seid alle so betrunken, dass ihr nicht mehr tanzen könnt!"

Du schon, aber wir nicht!" ruft eine Frau, aber dann fällt sie über das Sofa. Sie fällt auf den Mann am Boden und küsst ihn.

Seine Freundin, die neben ihm liegt, ruft laut: „Weg da! Das ist mein Freund. Den küsse ich!" Dann schlägt sie die Frau auf ihrem Mann. Die Frau geht schnell weg.

Da lachen sie alle wieder.

Die Stimmung ist geil.

„Wenn das so weitergeht", sagt jemand, „liegen wir bald alle am Boden."

„Du bist lustig. Eine Party am Boden. Und was machen wir, wenn wir alle am Boden liegen?"

„Also ich möchte keine Party am Boden", sagt Peter. „Ich fahre jetzt nach Hause."

Peter geht aus dem Haus. Er möchte zu seinem Auto, aber er sieht es nicht.

„Wo ist mein Auto?" ruft er. „Jemand hat mein Auto genommen!"

Weil Peter glaubt, dass jemand sein Auto genommen hat, geht er zur Polizei.

Auf der Polizei sagt er: „Mein Auto ist weg. Jemand hat es genommen!"

Die Polizisten sehen, dass Peter sehr betrunken ist. Sie lachen.

„Kommen Sie in das Polizeiauto", sagt ein Polizist. „Wir fahren die Straße entlang. Wir werden Ihr Auto sehen!"

Peter fährt mit den Polizisten im Auto. Dann sehen sie sein Auto.

Peter geht zu seinem Auto. Er möchte nach Hause fahren.

„Nein!" sagt ein Polizist. „Sie sind betrunken. Sie können so nicht fahren. Das ist zu gefährlich. Kommen Sie! Wir fahren Sie nach Hause."

Die Polizisten haben Peter nach Hause gefahren.

Ein Polizeiauto

Florian sieht, wie die Polizisten Peter nach Hause fahren, weil er so betrunken ist.

„Das ist ja lustig", denkt er. „Die Polizei kann doch nicht alle von meiner Party nach Hause fahren."

Da hat Florian eine Idee.

Er geht durch die alte Türe in das Zimmer des Spiegels.

Der Zauberspiegel ist dunkel, aber dann wird er hell.

„Hallo, Florian", sagt der Zauberspiegel.

„Hallo lieber Zauberspiegel! Bitte helfe mir und bringe alle nach Hause."

„Ja, gerne."

Florian geht wieder in den Partykeller.

Jetzt ist niemand mehr im Partykeller. Stimmt das auch wirklich? Nein, Sabine ist noch da. Sie wohnt jetzt bei Florian.

Look at the examples:

Manchmal sieht er noch eine Glasscherbe. Sometimes he still sees a glass shard.

Er kann morgen lange schlafen. He can sleep long tomorrow.

Sie hat schon viel Weißwein getrunken. She has already drunk a lot of white wine.

Nicht nur Sabine und Florian sind betrunken. Not only Sabine and Florian are drunk.

Das Sofa fällt um. The sofa falls over.

Sie fällt über das Sofa. She falls over the sofa.

Wir liegen bald alle am Boden. We'll soon all be lying on the floor.

Jemand hat mein Auto genommen. Someone has taken my car.

Questions / Fragen:

Warum hat er einen neuen Kronleuchter? Why has he got a new chandelier?

Wo tanzt Sabine? Where is Sabine dancing?

Gehst du bald nach Hause? Are you going home soon?

Warum sind sie auf den Boden gefallen? Why have they fallen onto the floor?

Wie ist die Stimmung heute? What's the mood like today?

Wer hat Peters Auto genommen? Who has taken Peter's car?

Hat jemand Peters Auto genommen? Has anyone taken Peter's car?

Stimmt das auch wirklich? Is that really true?

Now it's your turn:

1. Ich   bald zu einer Party. (gehen)
2. Er   mir viel Gold   . (geben)
3. Hast du schon   ? (tanzen)
4. Ihr   alle betrunken. (sein)
5. Ich   auf den Boden   . (fallen)
6. Du   mein Geld   . (nehmen)
7. Ich   den Weißwein   . (trinken)
8. Ein Polizist   mich nach Hause
    . (fahren)
9. Ich   dir   , den Wein zu
    . (helfen / trinken)
10. Sie   jetzt bei Florian. (wohnen)

10. Die Sonne scheint wieder

der Kater – the hangover, the tomcat
der Kopf – the head
das Kopfweh – the headache
der Bauch – the stomach, belly
das Bauchweh – stomachache
weh tun – to hurt: es hat weh getan
stöhnen – to groan, moan: ich habe gestöhnt

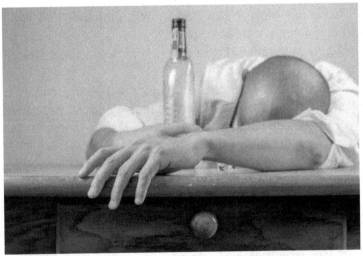

Der Kater am nächsten Morgen

Wie geht es Florian und Sabine am Tag nach der Party?
Es geht ihnen nicht sehr gut. Sie haben einen Kater.
Man bekommt einen Kater, wenn man zu viel getrunken
hat. Florian und Sabine haben sehr viel Wein getrunken.
In der Nacht waren sie betrunken und jetzt haben sie einen
Kater. Niemand freut sich über einen Kater, aber während

einer Party denken viele Menschen nicht an den nächsten Tag.

„Oh je, oh je", stöhnt Florian leise. Er liegt neben seiner Freundin Sabine im Bett, aber er ist nicht glücklich.

„Mein Kopf tut weh! Mein Bauch tut weh! Oh je!" stöhnt er immer wieder. „Mein Kopf hat mir noch nie so weh getan!"

Sabine hört Florian und wacht auf. Erst möchte sie lachen, aber sie hat auch Kopfweh und Bauchweh.

„Oh je", stöhnt auch sie. „Wein trinken ist so schön, aber der Kater am nächsten Tag…!"

„Sag das Wort ‚Kater' nicht stöhnt Florian. „Und Wein möchte ich nie wieder sehen!"

Da muss Sabine doch lachen, auch wenn ihr der Kopf beim Lachen weh tut.

„Wenn du nie wieder Wein sehen willst, musst du mit geschlossenen Augen trinken!" sagt sie und lacht.

Das ist lustig. Jetzt lacht auch Florian.

„Komm", sagt er. „Stehen wir auf!"

ich stöhne	wir stöhnen
du stöhnst	ihr stöhnt
er, sie, es stöhnt	sie stöhnen

Florian und Sabine stehen auf und ziehen sich an. Ziehen sie sich langsam oder schnell an? Sie ziehen sich langsam an.

Als sie angezogen sind, gehen sie in die Küche. Sie möchten Wasser trinken. In der Küche setzen sie sich an den Küchentisch. Auf dem Küchentisch stehen eine große Flasche Wasser und zwei Gläser. Florian hat ein Glas und Sabine hat ein Glas. Zusammen haben sie zwei Gläser. Sie trinken Wasser aus den Gläsern. Wenn man einen Kater hat, hilft es viel Wasser zu trinken.

„Hast du Hunger?" fragt Sabine. „Wir haben noch ein halbes Brathendl im Kühlschrank."

Florian stöhnt. „Ich kann jetzt nichts essen, aber ich möchte eine Tasse Kaffee. Möchtest du auch eine?"

„Ja, bitte."

Florian macht ihnen zwei Tassen Kaffee.

gut	besser	am besten
good	better	the best

leer – empty
aufräumen – to tidy up: ich habe aufgeräumt

Die Flaschen sind leer

Als sie den Kaffee getrunken haben, geht es ihnen langsam wieder besser. Sie waschen die Gläser und die Tassen.

Weil es ihnen besser geht, wollen sie nach unten in den Partykeller gehen. Sie gehen nach unten und Florian macht das Licht im Keller an.

Als sie den Partykeller sehen, freuen sie sich nicht. Auf dem Tisch und auf dem Boden stehen viele Flaschen.

Die Flaschen sind alle leer. Gestern war noch Bier und Wein in den Flaschen. Aber jetzt ist nichts mehr in ihnen. Sie sind leer.

„Und das sollen wir jetzt alles aufräumen?!" sagt Sabine. „Ich habe noch nie so viele leere Flaschen gesehen."

„Ja, ja", sagt Florian. „Die Party war geil, aber das Aufräumen am nächsten Tag macht so viel Spaß wie der Kater."

„Du sagst es. Ich habe keine Lust jetzt aufzuräumen."

„Was machen wir dann?" fragt Florian.

„Eigentlich ist alles besser, als die leeren Flaschen aufzuräumen, nur mit der Achterbahn möchte ich jetzt nicht fahren."

Florian lacht. „Du bist ja lustig. Wer möchte schon mit einem Kater mit der Achterbahn fahren? Aber du hast recht. Die leeren Flaschen und das Aufräumen, das kann alles bis morgen warten."

„Weißt du nichts Schönes, das wir jetzt machen können?"

„Etwas Schönes? Ich weiß nicht. Ich möchte kein Kopfweh mehr haben."

„Ach, Kopfweh, Kopfweh! Das Kopfweh gefällt mir auch nicht. Aber das hilft uns jetzt auch nicht. Hier unten im Keller stehen und nichts machen ist blöd!"

Da kommt von hinter der alten Türe ein lautes Geräusch.

Sabine schaut ihren Freund an. „Ach, sind wir blöd!"
sagt sie. „Warum haben wir nicht an den Zauberspiegel
gedacht? Mit dem können wir bald Spaß haben. Komm
mit!"

Sie gehen schnell in das dunkle Zimmer des
Zauberspiegels.

„Lieber Zauberspiegel!" sagt Sabine. „Bitte bringe uns
wieder an einen schönen Strand, wo die Sonne scheint und
das Meer warm ist, damit wir baden können."

Der Spiegel wird hell. Sabine und Florian sind sofort an
einem schönen Strand. Sie ziehen sich auf dem heißen
Sand aus und gehen schnell ins Meer.

„Ach, ist das schön hier!" sagt Sabine und küsst
Florian.

Was werden sie am Strand machen?
What are they going to do at the beach?

In book 3 of this series we are going to look at the future
tense in German. It's quite simple really and you'll get the
hang of it in next to no time – plus lots of new words you
need in everyday conversations, different forms of
adjectives and nouns along with a good revision of the
grammar and vocabulary you have already learned in the
first two books.

Look at the examples:

Wie geht es dir? How are you?

Mir geht es schlecht. I'm feeling unwell.

Ich habe nicht an den Einbrecher gedacht. I didn't think of the burglar.

Du must mit geschlossenen Augen trinken. You have to drink with your eyes closed.

Ich habe mich schnell angezogen. I got dressed quickly.

Ich habe einen Kater. I've got a hangover.

Sie räumen das Zimmer auf. They are tidying up the room.

Ich habe die leeren Flaschen aufgeräumt. I've tidied up the empty bottles.

Sie hat keine Lust aufzuräumen. She doesn't feel like tidying up.

Heute ist es kalt und es gibt Nebel. It's cold today and there is a fog.

Er duscht sich mit Seife in der Dusche. He is showering himself with soap in the shower.

Er räumt den Keller auf. He is tidying up the cellar.

Questions / Fragen:

Warum hast du Kopfweh? Why have you got a headache?

Tut dir der Bauch weh? Does your belly hurt?

Warum stöhnst du? Why are you groaning?

Warum hat sie einen Kater? Why has she got a hangover?

Hast du dich schon angezogen? Have you got dressed yet?

Was gibt es im Kühlschrank? What's in the fridge?

Warum müssen wir aufräumen? Why do we have to tidy up?

Sind die Flaschen leer? Are the bottles empty?

Wie hat dir die Party gefallen? How did you like the party?

Hat er die Fliege gefangen? Did he catch the fly?

Hast du ein Helles getrunken? Did you have a lager to drink?

Hast du den Spiegel vergessen? Did you forget about the mirror?

Now it's your turn:

1. Florian   viel   . (stöhnen)

2. Sabine   Florian. (hören)

3. Ich   mich schnell   . (anziehen)

4. Er   eine Wurst. (essen)

5. Der Kellner   in einem Bierzelt. (arbeiten)

6. Warum   du? (stöhnen)

7. Sie   das Zimmer   . (aufräumen)

8. Warum   die Flaschen leer? (sein)

9. Wie   dir die Party? (gefallen)

10. Er   den Maßkrug und   . (heben / trinken)

Die sieben Tage der Woche
The seven days of the week

der Montag – Monday

der Dienstag – Tuesday

der Mittwoch – Wednesday

der Donnerstag – Thursday

der Freitag – Friday

der Samstag – Saturday

der Sonntag – Sunday

Antworten

Chapter 1

1. habe / getrunken 2. hast / gehört 3. hat / gegessen 4. haben / geküsst 5. habt / gelacht 6. haben / gesprochen 7. war 8. Waren 9. waren 10. wart

Chapter 2

1. habe / gefreut 2. hast / gefreut 3. hat / gefreut 4. haben / gefreut 5. habt / gefreut 6. haben / gefreut 7. hast dich / geärgert 8. haben uns / geärgert 9. hat sich / geärgert 10. habe mich / geärgert

Chapter 3

1. habe / beschädigt 2. weint 3. ist / gegangen 4. hat / gekauft 5. bin / gefahren 6. hat / verkauft 7. hat / gekostet 8. hat / gesehen 9. arbeitet 10. hatte

Chapter 4

1. war 2. arbeitet 3. möchte / verkaufen 4. Weiß / gelogen hat 5. hat / angerufen 6. hatte 7. ist / gefahren 8. arbeitet 9. habe / gekauft 10. hast / angerufen

Chapter 5

1. hasst 2. Liebt 3. habe / geworfen 4. hast / betrogen 5. ist / betrügt 6. habe / gestritten 7. Hast / gegeben 8. habe / angerufen 9. hat / ausgezogen 10. hat geweint

Chapter 6

1. hat / getroffen 2. steht 3. haben / gesprochen 4. hat / betrogen 5. waren 6. war 7. Glaubst 8. glaube / betrogen 9. hat / geklingelt 10. Habe

84

Chapter 7

1. habe / geliehen 2. Hat / getroffen

3. habe / geschrieben 4. hast / vergessen 5. bist 6. hat / geküsst 7. habe / geküsst 8. hat geküsst 9. küsst 10. hat / geliehen

Chapter 8

1. hoffe / bekommst 2. bist 3. war 4. ist / betrogen hat 5. war 6. sind / geflogen 7. habe / geliehen 8. hasst 9. hast / gelogen 10. hast / gebraucht

Chapter 9

1. gehe 2. hat / gegeben 3. getanzt 4. seid 5. bin / gefallen 6. hast / genommen 7. habe / getrunken 8. hat / gefahren 9. habe / geholfen / trinken 10. wohnt

Chapter 10

1. hat / gestöhnt 2. hört 3. habe / angezogen 4. isst 5. arbeitet 6. stöhnst 7. hat / aufgeräumt 8. sind 9. gefällt 10. hebt / trinkt

What to read next

Wow! You've made it all the way through this book and your German has improved a lot – echt geil!

But this is not the end of the way. There is so much more you can learn and the best way to do it is with the next book in this series:

In 'Don't mess with me' you are going to:

- learn how to talk about future events

- get an automatic revision of the vocabulary and grammar from this book

- learn lots of new words that are common in German today

- feel entertained while learning German

Do you want to get even more reading practice in German? Brian Smith has already created a series of German readers. These are parallel text editions with an English translation side by side with the German text. They allow you to immerse yourself in German language and culture while learning lots of interesting facts about Munich and everyday life of the people living there. All books are available both as a paperback or Kindle edition. Check them out and see what other readers had to say.

This easy reader is based on the 500 most common words in German. Knowing these will enable you to understand 80% of average German texts. The original German text is side by side with an English translation. All new words are introduced with an English translation in the text. Numerous pictures illustrate new words. Many verb tables show you how to conjugate new verbs correctly.MP3 recording of the German text in each unit is available for FREE as download.13 simple stories to practise and learn in an easy and fun way. This book is for beginners.

ISBN-10 : 1512029041

German Easy Reader 2

Adventures in Bavaria
German - English

This easy reader is based on the German Easy Reader Super 500. Its aim is to give the reader further practice at the level reached at the end of that reader. The complexity of the language and most of the vocabulary have been carefully chosen to enable an easy understanding of the text after completing Super 500. New vocabulary is strictly limited and repeatedly used throughout the reader to help you achieve maximum fluency with a minimum of effort.

ISBN-10 : 1984029487

German
Easy Reader 3

Magic Munich
German - English

German Easy Reader 3 is designed to help you get that extra bit of reading practice at a low level, before moving on to more difficult texts. There is some additional vocabulary and grammar to help make the transition to the German Pre-intermediate Reader easier. Words and constructions are from common everyday language and there is a lot of dialogue to give you additional confidence when meeting Germans face to face.

ISBN-10 : 172891230X

Other books by the same author include:

German Pre-Intermediate Reader Super 1000

German Intermediate Reader – Excitement in Munich

German Intermediate Reader 2 – Winter Wonderland

German Intermediate Reader 3 – Bliss in Bavaria

German Power Reader – Super Grammar

Find out more about the author and his books.

www.briansmith.de

This book is an independent effort. Thank you for supporting free authors. Should you find a mistake or have any suggestions or comments please contact the author at:

books@briansmith.de

Glossary

A

der Abend – evening
die Achterbahn – roller coaster
alle – all
alleine – alone
als – when
alt – old
ander – other
anderswo – elsewhere
Angst haben – to be afraid
die Angst – the fear
ankommen – to arrive
anmachen – switch on
anrufen – to phone
antworten – to answer
anziehen – get dressed
arbeiten – to work
die Arbeit – the work, job
sich ärgern – to be annoyed
aufgeregt – excited
aufhängen – to hang up
aufräumen – to tidy up
aufwachen – to wake up
Auf Wiedersehen! – Goodbye!
das Auge – eye
aus – out
sich ausziehen – get undressed
das Auto – car
die Autobahn – the motorway, highway

B

baden – to bathe, swim
das Badezimmer – bathroom
bald – soon

der Bauch – the stomach, belly
das Bauchweh – stomachache
bekommen – to get
beschädigt – damaged
betrügen – to cheat
betrunken – drunk
das Bett – bed
bevor – before
das Bierzelt – beer tent
bitte – please
blöd – stupid
der Boden – floor
das Brathendl – roast chicken
brauchen – to need
bringen – to bring
das Brot – bread
bunt – colourful
die Burg – the castle
das Büro – the office
die Butter – butter

D

dafür – for it
damit – so that
dann – then
danke – thanks
denken – to think
deshalb – therefore, that's why
der Dienstag – Tuesday
der Donnerstag – Thursday
dunkel – dark
durch – through
duschen – to shower
die Dusche – the shower

E

echt – real(ly)
eifersüchtig – jealous

eigentlich – actually
der Einbrecher – burglar
eisig – icy
die Eltern – parents
der Engel – angel
entlang – along
entschuldigen – to say sorry
die Entschuldigung – apology
enttäuscht – disappointed
erst – first
essen – to eat
das Essen – food, meal
F
fahren – to drive
fallen – to fall
fangen – to catch
die Flasche – the bottle
die Fliege – the fly
fliegen – to fly
das Foto – the photo
fragen – to ask
der Freund – (male) friend
die Freundin – (female) friend, girlfriend
freundlich – friendly
sich freuen – to be happy
früh – early
das Frühstück – breakfast
frühstücken – to have breakfast
der Fuß – foot
G
geben – to give
gefallen – like
gefährlich – dangerous
gegen – against
geil – supercool, awesome
gelb – yellow

das Geld – money
genug – enough
gerade – just, straight
das Geräusch – sound
gern – like, gladly
gestern – yesterday
die Glasscherbe – glass shard
glauben – to believe
glücklich – happy
das Glück – luck
das Gold – gold
das Gras – grass
grau – grey
groß – big
gut – good

H

das Haar – hair
halb – half
die Hand – hand
das Handy – the mobile phone
hassen – to hate
das Haus – house
zu Hause – at home
die Haut – skin
heben – to lift
heiß – hot
heißen – be called, to mean
helfen – to help
hell – light
ein Helles – a lager
herum – around
heute – today
die Hilfe – the help
der Himmel – sky
hinter – behind
hoffen – to hope

der Honig – honey
hören – hear
der Hunger – hunger
I
die Idee – the idea
immer – always
immer wieder – again and again
irgendwo – somewhere
J
das Jahr – year
jemand – someone
jung – young
K
der Kaffee – coffee
kalt – cold
die Karte – ticket
der Käse – cheese
der Kater – the hangover, tomcat
kaufen – to buy
keine Ahnung – no idea
der Keller – cellar
Kellner(in) – waiter / waitress
die Kleidung – clothing
klein – small
klingeln – to ring
knallen – to bang
kommen – to come
können – can
der Kopf – the head
das Kopfweh – the headache
kosten – to cost
der Kronleuchter – the chandelier
der Krug – tankard
die Küche – kitchen
die Kuh – the cow
der Kühlschrank – fridge

kurz – short
der Kuss – the kiss
küssen – to kiss
L
lachen – to laugh
der Laden – the shop, store
langsam – slow
laut – loud
leer – empty
legen – to put, lie
leihen – to lend, borrow
leise – quiet
letzte – last
lieben – to love
liebe(r) – dear
liegen – to lie
der Löwe – lion
lügen – to lie (tell an untruth)
die Lust – desire
Lust haben – to feel like
lustig – funny
M
machen – to make, to do
manchmal – sometimes
die Maß – 1l of beer
das Meer – sea
der Mensch – human
der Mittwoch – Wednesday
möchten – to want
der Montag – Monday
der Morgen – morning
morgen – tomorrow
müde – tired
die Münze – coin
müssen – have to, must
N

nach – after
der Nachmittag
nächste – next
die Nacht – night
der Nebel – fog
nehmen – to take
nett – nice
neu – new
nie – never
niemand – no one

O

oben – up
öffnen – to open
oft – often
Oh je! – Oh dear!
ohne – without
der Ort – place

P

ein paar – a few, a couple of
parken – to park
Pech haben – to be unlucky
die Polizei – the police
der Polizist – the police officer
die Pommes – chips / French fries
das Problem – problem
Prost! – Cheers!

R

recht haben – to be right
rein = herein – (come) in
das Restaurant – restaurant
richtig – right, correct

S

der Samstag – Saturday
der Sand – sand
das Schampu – shampoo
schauen – to look

scheinen – shine
Scheiße! – Shit!
schlafen – to sleep
schlagen – to hit
die Schlange – snake
schlecht – bad
schließen – to close
der Schlüssel – key
schnell – fast
schon – already
schön – nice, pretty
schreiben – to write
schreien – to scream
sehen – to see
die Seife – soap
seit – since, for
selber – self
seltsam – strange, odd
servus – ,hello' in Bavaria
sitzen – to sit
sofort – at once
sollen – should
die Sonne – sun
der Sonntag – Sunday
spät – late
der Spiegel – mirror
spielen – to play
das Spielzeug – the toy
sprechen – to speak
die Stadt – the town
der Stau – the traffic jam
stehen – to stand
stellen – to put
es stimmt – it's right
die Stimmung – the mood
stöhnen – to groan, moan

der Strand – beach
die Straße – road
streiten – quarrel, argue
die Stunde – hour
T
der Tag – day
tanzen – to dance
die Tasse – cup
der Tisch – table
Tja… – Well …
traurig – sad
treffen – to meet
trinken – to drink
das Trinkgeld – the tip
Tschüs! – Bye!
die Türe – door
der Tritt – kick
U
überrascht – surprised
um – about, to
um was – what about
der Unfall – the accident
unten – down
die Unterwäsche – underwear
V
verkaufen – to sell
Verpiss dich! – Piss off!
verstehen – to understand
viel – many
vielleicht – maybe, perhaps
vor – in front of
vorsichtig – careful
W
wach – awake
während – while
warm – warm

warten – to wait
warum – why
was – what
waschen – to wash
das Wasser – water
weg – away, gone
weh tun – to hurt
weil – because
der Wein – the wine
weinen – to cry
weit – far
weitergehen – to go on
welch – which
die Welt – world
mit wem – with who
wenn – if, when
wenig – few, little
wer – who
werden – to become
werfen – to throw
die Werkstatt – garage, workshop
weiß – white
wie – how
wieder – again
wo – where
die Woche – the week
wohin – where to
wohnen – to live (in a place)
die Wohnung – the flat, apartment
das Wohnzimmer – livingroom
die Wolke – cloud
wollen – to want
das Wort – word
die Wurst – sausage
wütend – angry

Z

zahlen – to pay
der Zauberer – magician
zaubern – to do magic
die Zeit – time
das Zimmer – the room
der Zufall – coincidence
zuhören – to listen
zusammen – together
zwischen – between